Benita Quintana Lozano

Benita Quintana Lozano

Amor incondicional

Benita Quintana Lozano

DIGNIDAD de MUJER
Amor incondicional

Benita Quintana Lozano

Alejandro C. Aguirre Publishing/Editorial, Corp.
1 (917) 870-0233
www.alejandrocaguirre.com

DIGNIDAD DE MUJER

Benita Quintana Lozano

Número de Control de la Biblioteca del Congreso de EE. UU.:
ISBN: 9798750721610
Copyright © 2021 por Benita Quintana Lozano. Alejandro C. Aguirre Publishing/Editorial, Corp.
All rights reserved. No part of this book may be reproduced in any form without written permission from the Publisher.

Printed in the USA

Todos los derechos reservados. Ninguna parte de este libro puede ser reproducida o transmitida de cualquier forma o por cualquier medio, electrónico o mecánico, incluyendo fotocopia, grabación, o por cualquier sistema de almacenamiento y recuperación, sin permiso escrito del propietario del copyright, y sin el previo consentimiento de la editorial, excepto cuando se utilice para elaborar reseñas de la obra, críticas literarias y/o ciertos usos comerciales dispuestos por la ley de Copyright.

Las opiniones expresadas en este trabajo son exclusivas del autor y no reflejan necesariamente las opiniones del editor.
Este libro fue impreso en los Estados Unidos de Norteamérica.

Fecha de revisión: 11/09/2021

Para realizar pedidos de este libro, contacte con:
Alejandro C. Aguirre Publishing/Editorial, Corp.

Dentro de EE. UU. Al 917.870.0233
Desde México al 01.917.870.0233
Desde otro país al +1.917.870.0233
Ventas: www.alejandrocaguirre.com

DEDICATORIA

Primeramente, como todo en mi vida, infinitas gracias a Dios. Este libro está dedicado a lo más bello de mi vida, mis grandes amores. A mis padres, Sr. Humberto Quintana y Sra. Concepción Lozano. A mis dos hijos, José Luis y Daniel Castro Quintana, a mis nietos: Mia, Humberto, Scarlett Sofía y Jayvee Josiel. Con todo mi amor y respeto, de hija, madre y abuela, son mi amor incondicional y eterno.

Benita Quintana Lozano

AGRADECIMIENTOS

Gracias, mi Dios, por siempre estar conmigo y ayudarme a realizar uno más de mis sueños. A mis padres, por el regalo de la vida a mis hijos, a mis nietos, a mi esposo el Sr. Omar Sánchez, tenerlos en mi vida es tenerlo todo, es tocar el cielo con mis manos. Gracias por todo el apoyo, por siempre estar para mí.

Agradezco infinitamente a cada miembro de mi familia hermanos, hermanas, sobrinos por ser parte del trayecto de mi vida, son ángeles que Dios me dio en la Tierra.

Gracias, amigos, que me han impulsado a hacer mejor cada día, mil gracias por todo su apoyo.

No tengo palabras para expresar mi gratitud y agradecimiento al Sr. Alejandro C. Aguirre y a la Editorial por el excelente apoyo incondicional que me han brindado, muchas, muchas gracias, es un honor para mí.

Quiero darle las gracias a mi Maestro el Sr. Francisco Navarro Lara y al Doctor César Lozano, por la oportunidad de estar en su taller.

Y, una vez más, infinitas gracias al Sr. Alejandro C. Aguirre por darme la oportunidad de tener mi certificado «RE-INGENIERÍA MENTAL EN EL ARTE DE HABLAR EN PÚBLICO».

Infinitas gracias, Dios los bendiga.

Benita Quintana Lozano

ÍNDICE

DEDICATORIA..vii
AGRADECIMIENTOS..ix
PRÓLOGO...1
INTRODUCCIÓN..3

CAP. 1: EL AGRADECIMIENTO A LOS PADRES.................7
    AMOR Y EJEMPLO DE LOS PADRES
    CARTA DE DESPEDIDA A MI PADRE
    CARTA DE DESPEDIDA A MI MADRE
    FORTALEZA DE DIOS

CAP. 2: EL AMOR A LOS HIJOS..17
    EL AMOR MATERNO
    MIS HIJOS
    CUIDANDO DE MIS HIJOS

CAP. 3: APRENDIENDO A VIVIR.....................................27
    UN DIVORCIO
    HERMANOS
    CONTANDO CON LA FAMILIA

CAP. 4: GRANDES LECCIONES DE VIDA........................35
    EL ESFUERZO
    LOS ÁNGELES DE LA VIDA
    LA OPORTUNIDAD

CAP. 5: DÁNDOLE UN SENTIDO A LA VIDA...................43
    EL AMOR EN MI VIDA
    UN GRAN HOMBRE
    SUPERÁNDOME Y APRENDIENDO

CAP. 6: SIENDO PADRE Y MADRE A LA VEZ..................49
    ENFRENTANDO LA REALIDAD
    CRIANDO A MIS HIJOS
    SIENDO MADRE

CAP. 7: CONVIRTIÉNDOME EN ABUELA......................57
MIS NIETOS
NADIE LOS AMA COMO YO
DAYANA Y VALERIA

CAP. 8: CUMPLIENDO SUEÑOS......................................65
MI SUEÑO
¿QUÉ SON LOS SUEÑOS?
LA LIBERTAD DE SOÑAR

CAP. 9: LA CONEXIÓN CON LA ESPIRITUALIDAD............71
AGRADECIMIENTO A DIOS
LAS VELAS
ENSEÑANZAS DE NUESTROS PADRES

CAP. 10: LA AUTOTRANSFORMACIÓN.........................77
REFLEXIÓN
MIS GRANDES LOGROS
RECORDATORIO A UNO MISMO

EPÍLOGO...85
BIBLIOGRAFÍA..87
FRASES CÉLEBRES DE LA AUTORA...............................89
ACERCA DE LA AUTORA...91
SOBRE LA PROLOGUISTA..93
ALEJANDRO C. AGUIRRE PUBLISHING/EDITORIAL, CORP. 99

DIGNIDAD DE MUJER

Benita Quintana Lozano

PRÓLOGO

«Mujer virtuosa, ¿quién la hallará? Porque su estima sobrepasa largamente a la de las piedras preciosas». —Proverbios 31:1-21 RVR1960.

He aquí un pasaje de la palabra de Dios que te distingue a ti, mujer virtuosa y de gran corazón.

Desde el primer día en que te conocí, vi en ti esas cualidades, no solo tu belleza externa, sino tu gran corazón y sencillez, una mujer inteligente y con deseos de servir a la comunidad, una reina que representaba, con mucho orgullo del bello estado de Chihuahua, México.

Benita es una mujer única, con muchas cualidades, pero la más bella es amar a sus hijos ya que, como lo dice en su bello libro, ellos son lo mejor que le ha pasado en la vida, si hay algo que ha amado, es ser madre y lo disfruta con todo su corazón y su ser.

En esta bella historia usted, querido lector, conocerá cuánto ha aportado a la vida de sus hijos, ella dice que ser madre fue lo mejor que le ha pasado en su existencia.

Y aunque también nos narra cosas tristes que le han sucedido, nos enseña cómo sobrellevar las adversidades con fe y creyendo en Dios, todo lo que la vida nos trae, altas y bajas, es más fácil superarlas cuando depositas todo en manos de Dios.

Benita nos muestra, su valentía, su fortaleza y su amor por la vida y más que todo, que sus hijos son el motivo y el motor para vivir, no hay nada que la detenga para ser la mejor madre del mundo y un gran ser humano. Benita también nos cuenta en su historia acerca de sus ángeles, que ahora la cuidan desde el cielo y que gracias a ellos, quienes le dieron un gran ejemplo, le inculcaron valores, la fe, la esperanza y la fortaleza para ser la excelente mujer que es ahora, pero sobre todo, le dejaron la herencia del amor, amarse a ella y amar a su prójimo, la experiencia que le tocó vivir, le dio la oportunidad de practicar el amor y el perdón, porque como ella dice, el perdón nos libera y nos hace ser grandes. Porque el que perdona, no sólo se libera a él mismo, sino también al que cometió la ofensa,

Gracias, Benita, por enseñarnos esa gran lección, y sobre todo, por compartir tu historia al mundo, gracias por mostrarnos que sí se puede amar, perdonar y vivir una vida plena y feliz.

Te amo en el amor de Cristo y gracias por coincidir conmigo y con cada uno de tus lectores en este bello mundo.

Con amor.

Erika Gabriela Rivera
Autora, Escritora, Empresaria, Entrenadora de Vida y Conferencista

INTRODUCCIÓN

Estimado lector, el libro que tiene en sus manos, habla acerca de mi historia, en la que me he tropezado, caído y levantado después de cada evento así. Soy una mujer fuerte, he salido de las peores situaciones de la mano de Dios, quien me ha acompañado en cada paso de la vida para salir adelante, siempre manteniendo la fe y el amor por Él.

Siempre estaré muy agradecida con Dios por las personas que me han ayudado en este camino, sobre todo, mi familia y por las cosas que me ha dado el Señor como el amor a la vida para seguir al lado de mis hijos, nietos y mi esposo. Cada día que Dios me dé vida al lado de mi hermosa familia, viviré eternamente amándolos.

Logré, de la mano de todas aquellas personas, salir adelante con mi dignidad de mujer, pero ¿qué es dignidad de mujer?

«La dignidad de la persona esta nos remite a una cualidad exclusiva, indefinida y simple del ser humano, que designa su superioridad frente al resto de los seres, con independencia del modo de comportarse. De tal forma que por el solo hecho de ser persona y de pertenecer a la especie humana, tanto varón y mujer gozan de la misma dignidad y allí radica la igualdad que ambos poseen, podríamos hablar de una igualdad ontológica que radica en la esencia propia del ser humano y es allí donde radica la dignidad de la mujer». *(Sánchez, 2020)*

Así que podemos decir que, las mujeres tenemos dignidad simplemente por ser un humano. Como mujeres, nos hemos tenido que enfrentar a la denigración y eliminación de nuestra dignidad, pero quiero demostrar que, siendo mujer, se puede retomar y salir adelante, superando obstáculos inimaginables.

DIGNIDAD DE MUJER

Benita Quintana Lozano

CAP. I
EL AGRADECIMIENTO A LOS PADRES

Los padres son esas personas que nos llenan, que nos traen al mundo, nos enseñan lo que es la vida y nos dan las herramientas necesarias para salir adelante, para lograr tener una buena vida y, si es el caso, criar a nuestros hijos de la mejor manera en el futuro.

AMOR Y EJEMPLO DE LOS PADRES

Mis padres siempre fueron un gran ejemplo para mí, los he admirado desde muy pequeña con más de cincuenta años de un matrimonio feliz, con un bello hogar conformado por ellos y diez hijos, de los cuales eran seis hombres y cuatro mujeres. Nuestra familia siempre ha estado llena de bendiciones y nietos, que fueron la adoración de mis padres.

Tuve la bendición de que ellos nunca se separaron, crecí viviendo con ambos en mi casa y mis hermanos, tengo recuerdos inolvidables, que llenan mi corazón cada vez que pienso en ellos.

Tengo recuerdos muy bonitos de mi infancia, mi familia siempre ha sido muy trabajadora, aprendí mucho de su ejemplo.

Gracias a mi familia aprendí a trabajar, cada uno de nosotros se dedica a lo que le gusta.

Recuerdo que, de niña, me gustaba bañarme en el arroyo y sacar pescados del río, aprendí a montar a caballo gracias a mi papá, era su deporte favorito. Un campeón que ganó muchos diplomas.

Estoy tan orgullosa de ser hija de mis padres, me enseñaron a hacer las cosas, gracias a mi mamá soy la mujer que se presenta ante ustedes con este libro, mis papás siempre fueron personas a las que respeto mucho, eran apegados a la iglesia, tuvieron un matrimonio hermoso, llegaron a sus cincuenta aniversarios. Sin embargo, a lo largo de la vida, uno se puede dar cuenta de que no todo es eterno, tal es el caso de los padres.

CARTA DE DESPEDIDA A MI PAPÁ

Todavía recuerdo el día que marcó mi vida para siempre, fue lo más trágico y triste que me ha pasado. Mi papá tuvo una muerte inesperada, en verdad fue una tragedia, cuando él tenía 72 años, fue secuestrado, nos dejaron sin una de las personas que más hemos admirado.

Durante un largo mes esperábamos tener noticias y saber del paradero de mi padre, lloraba, rezaba y le pedía a Dios que apareciera, sin embargo, le quitaron la vida, era un dolor indescriptible, como si me hubieran arrebatado el corazón. Todavía lo extraño mucho, seguirá vivo en mi corazón y en cada uno de los integrantes de nuestra familia, todos los queremos mucho.

Estaba desolada, extrañaba tanto a mi papá que escribí estos renglones al poco tiempo que le quitaron la vida:

Querido Papá:
Mi mamá, tus hijos, tus nietos y tus bisnietos queremos darte las gracias por lo mucho que nos dejaste: Una familia unida y un ejemplo de vida. Con todas tus virtudes y el gran amor que demostraste por cada uno de nosotros y, sobre todo, por tanto amor que le diste a mi mami. Eras un hombre lleno de generosidad, rectitud, alegría, inteligencia y una persona a la que todos le tenemos mucho respeto. Una persona que amaba a Dios.
Papá, recuerdo que cada domingo prendías las velas en misa. Siempre nos enseñaste con el ejemplo de vida. Gracias por ser el mejor papá, te extraño tanto, gracias por ser siempre un ejemplo, un pilar en nuestra familia, por haber tenido siempre una sonrisa en tu rostro sin importar la situación. Agradezco cada consejo y cada palabra de amor, dejaste fuertes huellas en nuestras vidas y siempre serás un ejemplo de vida a seguir por ser y dar felicidad a cada uno de nosotros.
Papá, vivirás por siempre en los corazones de tus hijos, tus nietos y en el corazón de mi mamá que tanto te ama, te queremos y te extrañamos mucho, ya nada es igual, papá, aunque mis ojos no te ven, mi corazón te siente.
Descansa en paz.

Han sido días, meses y años muy difíciles, pero nunca días sin Dios. Mi venganza será el PERDÓN.

CARTA DE DESPEDIDA A MI MAMÁ

Día primero de noviembre.

Un día terriblemente triste, que llenó mi vida y la de todos mis hermanos, nietos y bisnietos de una gran tristeza irreparable, pero es la voluntad de Dios.

Mamá, aun no puedo creer que ya no estés, mi vida ya no es la misma. Una parte de mí se fue contigo, con mi papá y con mi hermano Álvaro. Tengo un vacío en mi corazón, me haces mucha falta, mamita.

Fuiste una gran mujer. Una madre amorosa, la mejor del universo, gracias por ser mi mamá y por enseñarme a ser la mujer que soy gracias a tu amor y tus consejos. Sigues en mi corazón, gracias por los días, semanas y años que Dios me permitió estar a su lado, los amaré eternamente, papá, mamá, prometo no alejarme de ustedes nunca, aunque nos separen el Cielo y la tierra, los amaré el resto de mi vida y por toda la eternidad.

Solo gracias a Dios, que me da fortaleza, al gran amor a mis hijos, a mi esposo y nietos, sigo de pie. Gracias al apoyo de toda mi familia y amigos, por su apoyo incondicional.

Papá, mamá, es inolvidable su amor, los extraño mucho, me hacen mucha falta. Veo al Cielo y le pido a Dios que los tenga en sus brazos, en su Santa Gloria, mis hermanos y yo los extrañamos, mamá, papá, agradezco a Dios, que un día voy a ver sus rostros. Descansen en paz, los amaré eternamente, pasarán los días, los meses y su ausencia seguirá doliendo como el primer día. Ha sido difícil aceptar las cosas que no tienen remedio, pero día a día lucho por aquéllas que tienen soluciones.

FORTALEZA DE DIOS

En mi vida he pasado cosas muy difíciles, pero nunca un día sin Dios. Cuando mis padres se fueron al Cielo, era demasiado difícil para soportarlo. Sin embargo, esta vida ha estado llena de tanto amor que, si volviera a nacer, le pediría a Dios que me diera los mismos padres y la misma familia. He aprendido que la persona más importante no es aquélla que más espacio ocupa en el corazón, sino quien deja el vacío más grande en él cuando se va, aunque pasen los meses, días y los años.

Me tomó mucho tiempo entender lo que significa PERDONAR. Siempre me pregunté «¿cómo podría perdonar a alguien que eligió hacerme daño?», pero después de una gran búsqueda de conciencia, me di cuenta de que el perdón no se trata de aceptar o excusar su comportamiento, se trata de dejarlo ir y evitar que su comportamiento destruya mi corazón.

Cuando los padres se van, queda un vacío que se llena con el amor y las enseñanzas que obtuvimos cada día con los consejos y las personas que los conocieron y admiraron.

- ¿Qué les agradece a sus padres?
- Si pudiera decirles algo hoy, ¿qué sería?
- ¿Cuál es la enseñanza más valiosa que le dejaron sus padres?

DIGNIDAD DE MUJER

Benita Quintana Lozano

CAP. 2
EL AMOR A LOS HIJOS

Ser mamá es una de las bendiciones más grandes de la vida, yo le agradezco a Dios por la oportunidad de tener a mis dos hijos: José Luis y Daniel. Ellos han sido mi razón de ser, mi bendición, el motor de mi vida, son quienes me inspiraron a escribir este libro.

EL AMOR MATERNO

Según el psicólogo Erich Fromm, el amor materno se caracteriza por ser incondicional. No se tiene que ganar o merecer; sino existe simplemente por ser un hijo. Es un amor que se puede describir como una bendición o la paz. Es irremplazable e irrepetible, debido a su pureza y profundidad.

«Es una afirmación incondicional sobre la vida de su hijo y sus necesidades» Esta afirmación se presenta de dos formas. Por una parte, se manifiesta en los cuidados y responsabilidades necesarias para la supervivencia y crecimiento del hijo. Éstos incluyen necesidades biológicas como comer, beber agua y tener refugio; y de seguridad, como educación y salud. Por otro lado, se expresa a través de enseñarle al hijo el amor por la vida.

Más allá de sobrevivir, el amor materno también se ve como la muestra de la felicidad de estar vivo. Busca comunicar la suerte de existir, de ser.

El amor materno es altruista. Se ama a los hijos sin esperar nada a cambio. El hijo en su infancia sólo puede recibir ayuda mientras que la madre tiene que ser la que la proporciona en todo momento. Es por esto que también se considera el amor en su forma más pura. Este amor no solo está presente en la época de vida temprana del hijo; en la cual se observa una dependencia total, sino se encuentra a lo largo de su crecimiento y aumenta en forma gradual y permanece conforme progresa en su desarrollo. Es un amor que trasciende el paso del tiempo, durando años y décadas de vida.

La etapa más difícil del amor materno es la separación. Se requiere de cantidades monumentales de generosidad para dar todo con la única esperanza de que el hijo sea feliz. Para poder sobrellevar el dolor de la separación, la madre debe de poder seguir amando aún después; ya sea a su familia y a otros seres queridos en su vida, pero especialmente a sí misma. Es uno de los amores más difíciles de lograr, pero toda relación madre-hijo contiene este componente.

El amor materno no está restringido a una persona. Por su naturaleza, es compartido de igual medida entre todos los hijos. Es un amor basado en la igualdad.

Es un amor que no está basado en si los hijos cumplen las expectativas puestas u obedecen órdenes. Los hijos son dignos de amor, por el simple hecho de ser. (Fromm, 1956)

MIS HIJOS

Mis hijos son el regalo más grande que pude haber recibido en la vida, son la bendición más hermosa, son amor puro, sublime y eterno.

Mi primer hijo, nació un 28 de diciembre, era como un muñequito, yo tenía quince años cuando llegó a mi vida. Mi segundo hijo, Daniel, nació un 14 de enero cuando yo tenía veintidós años. En ambos casos, los vi y me enamoré de ellos de manera inmediata. Mi vida dio un giro de ciento ochenta grados, nunca me imaginé que podría tener tanto amor y tanta felicidad.

Llegaron a un hogar en el que, desde el principio, recibieron mucho amor, no sabía qué hacer cuando eran pequeños y lloraban, pero todos me ayudaron, sus abuelos los amaron mucho toda la vida.

Todos los días le pido a Dios que los cuide y proteja, ya que ellos son la razón de mi vida, por quienes me levanto todos los días.

El tiempo que compartieron mis hijos con sus abuelos fue hermoso, ellos estuvieron ahí siempre.

Aunque no convivieron tanto con su abuelita Tere por la distancia, el tiempo que pasaron con ella fue de mucha calidad, lo aprovecharon al máximo día con día.

Aunque cuando tomamos la decisión de mudarnos a Estados Unidos, a Farmington, N. M., fue muy triste para ellos, José Luis tenía siete años y Danielito tenía ocho meses. Fue muy difícil para todos, sobre todo para sus abuelos, quienes se quedaron en Matachi, Tejolocachi, Chihuahua, donde habíamos vivido con ellos y nuestra familia. Todo tiene un precio y el de nosotros era la ausencia de mis padres, hermanos y Don Polo y Doña Chofy, quienes eran los abuelos del papá de mis hijos, esos días, meses, años tan bellos recuerdos ya no volverán.

CUIDANDO DE MIS HIJOS

Desde el momento en el que ellos nacieron hasta hoy, me he dedicado a cuidarlos. La vida está llena de altas y bajas, por lo que es completamente bella, siempre he pensado que lo mejor es que estemos juntos, así es mejor vivir. Los tiempos de Dios son perfectos, cada cosa que venga en la vida será mejor. A pesar de que su papá y yo no estemos juntos, nunca les he hablado mal de él, siempre les he dicho que los respeten y amen, lo cual han hecho toda la vida, porque tienen un gran corazón.

No importa la edad que tengan, siempre cuidaré de ellos, todo el tiempo les digo que mi último suspiro de vida será para ellos.

Me han hecho reír y han limpiado mis lágrimas, me han abrazado, cuando más lo he necesitado y me han ayudado a ser más fuerte. ¡Gracias, hijos! Por siempre serán mi más grande tesoro, cada día que pasa estamos superando lo vivido y agradeciéndole a Dios por la vida, tan bella, con sus altas y bajas, que hemos vivido.

Algo que siempre soñé era ver a mis hijos realizados y con matrimonios felices, gracias al cielo, se cumplió ese sueño con Dayana y Valeria, las esposas de mis hijos que son como unas hijas para mí, las amo con todo mi corazón, son mi familia donde la vida comienza y el amor nunca termina.

Uno no puede quedarse con los hijos toda la vida, debemos enseñarles a volar, darles mucho amor para que sobrevivan en el mundo y que tengan raíces fuertes para regresar a casa, cuando lo necesiten.

Dayana y Valeria, gracias por ser parte de mi vida, gracias por cuidar de mis hijos, gracias por darme lo que más amo, mis nietos. Son mi mayor fortaleza y mi más grande debilidad, el verdadero éxito es estar feliz con su propia vida y nunca apartarse de Dios.

¡Qué suerte he tenido de nacer y tener el privilegio de ser su mamá!, mis hijos son la historia más linda en mi vida. Lo importante es que siempre estemos juntos. No me canso de dar gracias a Dios, por tenerlos a ustedes.

Gracias a su amor y cariño, he podido sobrellevar el dolor del vacío que siente mi corazón, gracias por sus besos y abrazos, hijos míos.

- ¿Cree que el amor de un padre o una madre se pueda comparar con algo?
- ¿Considera importante darles libertad a los hijos?
- ¿Qué tal es su relación con sus hijos?

DIGNIDAD DE MUJER

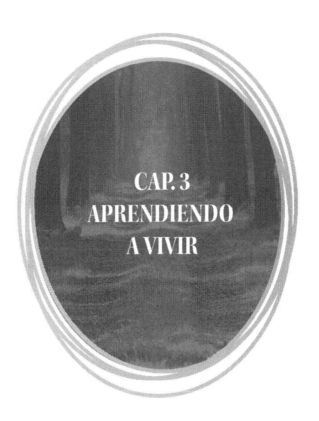

CAP. 3
APRENDIENDO
A VIVIR

El amor propio le permite amar a todo lo que está alrededor suyo. Recuerde ser agradecido por todo lo que tiene, aprecie su vida y a las personas a su lado.

A mí me costó, pero comencé a amarme y tardé 21 años en tomar la decisión de salirme de mi casa y cambiar de rumbo.

UN DIVORCIO

La vida no siempre es como uno sueña, un 21 de marzo, tomé la decisión de irme de donde vivía con el papá de mis hijos en Farmington, N.M. a Denver, Co. dejando todo lo que tenía, menos lo que más amo en la vida, mis dos hijos y mi dignidad de mujer, donde empezamos una vida, los tres juntos. Fue una época muy difícil para nosotros y me duele que, amándolos como los amo, no pude evitarles pasar por el dolor de la separación entre su padre y yo.

Tomar todas esas decisiones fue complicado, tuve que aprender a vivir sola con mis hijos después de veintiún años de matrimonio, tuve el apoyo absoluto de mis padres para lograr hacer esto.

Como en todo, hubo días buenos y días malos que preferiría no recordar. Sé que no fue fácil para mis niños y les pido perdón, pero doy gracias a Dios por haberme dado tantas personas que me apoyaron en la vida.

Para los hijos, el divorcio es un proceso doloroso y difícil de comprender. Es una fragmentación de la unidad familiar que cambia fundamentalmente la vida de todos los involucrados. En casi todos los casos se observan impactos psicológicos a causa del proceso: se crean sentimientos de angustia, ansiedad, tristeza y miedo. Los hijos sienten una incertidumbre por su futuro y un anhelo por regresar a condiciones anteriores; en algunos casos, hasta se puede vivir un proceso de duelo por la vida anterior a la separación.

Los efectos del divorcio también pueden presentarse de forma exterior. Problemas conductuales como agresividad, irritabilidad y dificultades para conciliar el sueño se pueden presentar. Éstos, comúnmente, se deben a sentimientos de frustración o enojo, provenientes de la situación en casa. Sin entender los sentimientos o cómo expresarlos, se manifiestan a través de sus acciones y forma de ser. Además, se puede ver afectado su desempeño académico, dificultades de memoria y facilidad para interactuar con otras personas.

HERMANOS

La familia puede ayudar a superar momentos difíciles de la vida, cada uno de mis hermanos han estado ahí para mí en esos días de angustia.

Mi hermana menor, Clayde, no sé cómo pagarle ni agradecerle el que nos hubiera recibido en su casa, por habernos dado un gran apoyo, tanto económico como moral, así como el amor que nos brindó a mis hijos y a mí. Es como una segunda madre para mis hijos y sé que haría cualquier cosa por ellos.

Mi hermano Esteban, es como un hijo para mí, siempre ha estado ahí para mí y para mis hijos, nunca nos ha dejado solos y siempre ha cuidado de sus sobrinos, lo amo con toda mi alma.

A mi hermano y compadre Gerardo, le agradezco que siempre me haya escuchado, por su apoyo incondicional, por los consejos y enseñanzas, por ser mi guía espiritual. Es muy importante en mi vida y me ha ayudado a ser cada día mejor persona.

Arturo, mi hermanito chiquito, le doy gracias a Dios por el tiempo que estuvimos juntos, llegué a quererlo como a un hijo.

Beto es mi hermano mayor, la vida nos separó tantos años y hoy gracias a Dios estamos juntos, no nos vemos tanto como nos gustaría, por la distancia, pero de algo estoy segura, el amor de hermanos es eterno.

Diva, mi hermana mayor, le doy gracias a Dios porque es parte de mi vida, es la mejor amiga que pude haber pedido, agradezco su amor por mí y mis hijos. Estuvo allí para nosotros y nos apoyó económicamente, siempre reímos y lloramos juntas, me di cuenta de que la vida es más hermosa con mis hermanos.

Jovita, mi hermana mayor, sé que no podemos estar juntas como nos gustaría, a causa de la distancia, pero nada acabará con el gran amor de hermanas, gracias porque siempre que tengo la oportunidad de visitarla, me hace comida como la de mi mamá.

Mi hermano Francisco, Pancho, como le decimos, le agradezco por todo el apoyo que me ha dado, tuvimos la fortuna de vivir muchos años juntos y pasar momentos muy felices, él me prepara la mejor comida, la distancia nos separa, pero nunca el amor de hermanos.

A mi hermano mayor, Álvaro, le mando un abrazo hasta el cielo.

CONTANDO CON LA FAMILIA

Quiero ser cada día mejor esposa, madre, abuela, hermana y amiga, gracias por su apoyo y cariño, hoy en día estoy contenta, agradecida con mi vida.

Estoy en paz, lucho día a día por lo que más amo y sigo aprendiendo a vivir, a luchar por mis sueños y, con la ayuda de Dios y de todos los que me quieren, lo voy a lograr.

Siempre hay algo nuevo que aprender y mucho qué hacer para agradecerle a Dios. Todo se lo debo a Él.

Quiero limpiar y reparar mis alas para sobrevolar cielos nuevos, así que, del pasado recordaré solo lo bueno y me enfocaré en ser feliz. Mis alas se quebraron un día, pero, aun así, nadie pudo impedir que tocara el cielo otra vez.

Nunca olvidaré quién me dio una mano ni tan poco quién me la soltó cuando más lo necesitaba.

Estoy orgullosa de mi corazón porque, aunque ha sido traicionado y quebrantado en mil pedazos, todavía funciona, porque mi fortaleza está en Dios, los mejores momentos los vivo con los que amo y de la mano del Creador.

- ¿Alguna vez ha tenido que enfrentar una separación?
- ¿Disfruta de pasar tiempo con su familia?
- ¿Cómo ha salido adelante de situaciones difíciles?

Benita Quintana Lozano

CAP. 4
GRANDES
LECCIONES
DE VIDA

Llegué a Colorado con mi corazón destrozado, dejando veintiún años de mi vida.

EL ESFUERZO

No sabía qué hacer, lo único de lo que estoy segura es que ése no era mi lugar. Dios tenía algo mejor, algo hermoso para mí y mis hijos. Sé que hice lo mejor y no me arrepiento.

Hay veces que, ni dándolo todo, fue suficiente. Llegué sin dinero y sin trabajo, pero pensar en sacar adelante a mis dos hermosos hijos, lo mejor de mi vida, fue suficiente para agarrar valor y no rendirme. Los primeros meses no me podía ni enfermar y, si me sentía mal, igual tenía que trabajar.

LOS ÁNGELES DE LA VIDA

El amor que les tengo a mis hijos nunca me permitió rendirme, siempre hay un ángel en la vida. Yo tuve la suerte de tener muchos, como la Sra. Micaela de Muñoz y la Sra. Silvia de Castañón, ellas me han visto llorar, me han consolado, han derramado lágrimas conmigo y me han visto feliz. Me encuentro eternamente agradecida por todo su cariño, por su apoyo incondicional para mí, mis hijos y mis nietos.

Hay muchos ángeles en mi vida, como mencioné anteriormente, amigas que me gustaría poder mencionar, pero no hay suficientes hojas en el libro para hablar y agradecerles a todas, pero, aunque la distancia nos separe, mi cariño, mi amor y mi respeto es el mismo por todas y cada una de ustedes como Magaly Ledezma y a sus padres, quienes fueron los mejores vecinos y grandes amigos; a mi amiga de toda la vida, mi hermosa Cándida Oros, Mely Arreola de Carrasco; Marisol Guzmán, mi hermosa, me siento bendecida por tenerte en m vida.

Me parece fascinante cómo funciona la amistad, alguien que no es familiar de uno, que no tiene obligaciones, pero le quiere y le apoya con los defectos y virtudes, son ángeles en la vida, los quiero con todo mi corazón.

«La amistad se puede definir como el vínculo afectivo entre dos personas. Un vínculo que trae consigo valores como la lealtad, el amor y la confianza, que son muy importantes para nuestro día a día. Por esta razón, se ha considerado, a lo largo del tiempo, que la amistad es uno de los pilares que sostiene la sociedad» (Nuevatribuna.es, 2020).

Todos buscamos tener una buena amistad en la vida, es importante manejar los valores como el amor y la confianza para lograr generar un vínculo de esa magnitud con otra persona y tener una relación tan hermosa que pueda durar toda la vida.

LA OPORTUNIDAD

Gracias a Dios por mi trabajo de más de quince años en la Universidad, la DU, por todo el apoyo que me han dado, amo mi trabajo, gracias infinitas. Siempre he encontrado las fuerzas, gracias a Dios, para no rendirme, para seguir adelante, con dignidad y una sonrisa siempre en mis labios, aún con una enfermedad.

Con el dolor de la pérdida de mi padre, me dio diabetes, fue el mes más horrible de mi vida, porque no comía ni dormía, esperando que volviera mi papá. A raíz de tanta angustia me enfermé, pero aquí estoy, luchando cada día con esto.

Es difícil tener que tomar pastillas, insulina y tener una máquina para dormir, pero estoy agradecida de estar aquí, viva, para seguir disfrutando de mi esposo, mis hijos, viendo crecer a mis nietos.

Le pido a Dios todas las noches que cuide de mi familia, que mantenga mi corazón firme y mis cimientos seguros, descanso tranquila, sabiendo que me sostiene en sus manos.

Cada día de mi vida no me canso de agradecerle a mi Dios lo que hace por mí y por todo lo que hará. Soy muy bendecida. Agradezco y doy la bienvenida a los bellos milagros en mi vida, no podemos tirar la toalla jamás.

Estamos aquí, en este Universo tan hermoso, para ser felices y agradecer a la vida por todo. Soy una mujer de fe que cree en la Virgen, los Santos y en Dios, por sobre todas las cosas

Si tengo a Dios en mi vida, lo tengo todo, no importa lo que pase, nunca me apartaré de Él.

Fuera del hogar al que dediqué veintiún años hay vida, amor y respeto, he trabajado mucho y seguiré buscando cada día lo mejor para mi vida, pero lo más importante mi amor incondicional, por mis hijos hoy vivo contenta, lo pasado quedó en el pasado. Dios me ha recompensado con muchas bendiciones, me ha provisto todo lo que he necesitado en mi vida. Por mis hijos lucharé hasta el último suspiro de vida. Estoy aprendiendo a sobrellevar el dolor del vacío que siente mi corazón. El tiempo de Dios es extremadamente perfecto y lo que viene será el doble de mejor y mejor.

- ¿Ha conocido alguna vez un ángel en su vida?
- ¿Qué significa para usted la amistad?
- ¿Padece o conoce a alguien que sufra una enfermedad crónica?

DIGNIDAD DE MUJER

Benita Quintana Lozano

CAP. 5
DÁNDOLE
UN SENTIDO
A LA VIDA

Me siento muy bendecida en cada uno de mis sueños, mis proyectos, no sé cómo agradecerle a Dios tantas y tantas bendiciones.

EL AMOR EN MI VIDA

El 14 de marzo, fue un día inolvidable ya que conocí a un gran hombre, quien se convertiría en mi esposo, a quien amo, el Sr. Omar Sánchez, gracias a mi Dios por darme la oportunidad de ser feliz, soy una mujer muy agradecida por tantas bendiciones.

Omar, si Dios me creó a mí y te creó a ti, realmente ha sido una fortuna encontrarnos y tener la oportunidad de compartir nuestras vidas. Hemos disfrutado muchas, pero muchas sonrisas. Siempre me has apoyado y, en los momentos difíciles, has estado conmigo, por lo que quiero agradecerte tu apoyo, tu cariño, todo el amor con el que me cuidas siempre. Vives en mi corazón, no cambiaría por nada los hermosos momentos que hemos pasado juntos.

UN GRAN HOMBRE

El día que te conocí, sin duda, ha sido uno de los días más felices. Estoy muy agradecida con Dios por darme un gran hombre como esposo, gracias, Omar, por los años de estar a tu lado, por tantos detalles inolvidables.

Eres un hombre lleno de cualidades, te admiro y no olvides que no nacimos para ser perfectos sino para ser felices. Hay que luchar por lo difícil, lo fácil cualquiera lo tiene y aun nos falta lo mejor, juntos alcanzaremos todo lo que nos propongamos. Con la ayuda de Dios, levanto mi copa y brindo por nuestro amor y por las cosas que hemos logrado juntos.

Hoy y siempre, le pediré a Dios para que guíe y cuide de nuestro cariño, que tu vida a mi lado sea tan hermosa como lo es tu corazón. Vivo en paz, me siento plena, gracias a Dios. La vida está hecha de momentos que pueden ser felices o tristes, hoy es mi momento de agradecerle a Dios por todo lo que me ha dado y por nunca dejarme sola.

Así comenzó nuestra historia, una vida llena de sueños, hemos caminado juntos para lograr nuestras metas a lo largo de los años, dándole un sentido a la vida.

SUPERÁNDOME Y APRENDIENDO

Fui invitada a participar en el certamen *SEÑORA COLORADO,* en el cual representé al Condado de Adams County, siempre me he esforzado por superarme, mi prioridad es ser mejor esposa, madre, abuela y amiga. Amo a mi familia, estoy orgullosa y bendecida con mi vida.

Apoyé a mi comunidad como «Asistente de Maestra» apoyada por S.T.O.M.P. de Adams County.

En la Escuela de Dupont hice mi Servicio Social, por más de 15 años trabajando para la Universidad, D.U. No hay nada más bello que hacer lo que me gusta y que me haga feliz, sin importar lo dura que sea la vida, hay que luchar por los que nos agrade hasta lograr convertir nuestros sueños en una hermosa realidad. No debemos rendirnos hasta llegar a la meta. Me esfuerzo por lo que quiero, aunque sé que nada es fácil.

Tuve la oportunidad de grabar dos películas y sigo preparándome para dar lo mejor de mí. Estoy segura de que lo que más me gusta es ser abuela, ¡amo vivir!

Sé pedir perdón, si he ofendido a alguien, perdóneme, yo tomé la decisión de darle la espalda al rencor y sanar mis heridas, subir un escalón cada día, para llegar a Dios.

Para mí es un honor tener como maestro de actuación en el taller al Sr. Daniel Roscón (El Toro), quien es una persona increíble, muy profesional, lo admiro y respeto, mi hermano y yo, pasamos un tiempo en Houston, con unos días muy buenos y otros con mucho frío.

Agradezco a Dios por coincidir con mi amigo Luis Cale, es una persona con un gran corazón, quien siempre me ha dado muchas atenciones.

- ¿Qué opina de las segundas oportunidades para amar?
- ¿Se siente realizado en su vida?
- ¿Le gusta su trabajo?

Benita Quintana Lozano

CAP. 6
SIENDO
PADRE Y MADRE
A LA VEZ

Lo más bello de mi vida, sin duda alguna, es ser mamá de dos hermosos niños que hoy son hombres de bien, José Luis y Daniel, no sé si seré la mejor mamá, pero todos los días, en mi oración, deseo ser la mejor.

ENFRENTANDO LA REALIDAD

Como dice un canto que me gusta mucho, «Hay momentos en que las palabras no alcanzan para decirte lo que siento, ¡oh, mi divino Salvador!», lo bendecida que me siento de ser madre, pero no ha sido fácil quedarme sola a cuidar de mis hijos.

Yo no puedo ni creo que se pueda ser padre y madre, yo hice mi parte y sigo de pie, pero nunca voy a tomar un lugar que no me corresponde, yo sé que a mis hijos les hizo falta su papá, pero Dios no nos abandonó, siempre estuvo con nosotros. Fue un tiempo muy difícil, pero hoy en día, ellos son los mejores padres y yo me quito el sombrero, son responsables y amorosos, guían a sus hijos como yo lo hice con ellos.

José Luis, como hermano mayor, siempre me ha ayudado a cuidar de su hermano, Danielito, sé cuánto se quieren y eso me hace inmensamente feliz. Gracias, José Luis y Daniel, porque hoy en día ustedes cuidan de mí con amor y respeto, ¿qué más le puedo pedir a la vida? Si con ustedes me dio todo, hemos compartido días, meses, años, tantas sonrisas y días difíciles. Juntos hemos superado los malos momentos, estoy muy orgullosa de ustedes.

Diciembre, uno de los meses más hermosos del año, el mes que celebramos el nacimiento de Nuestro Señor Jesucristo nació uno de mis más grandes amores y de mi vida mi hijo José Luis, desde ese día mi corazón y mi alma están llenos de amor. Pasaron 7 años y Dios me mandó a mi segundo hijo, Danielito como el nombre que le puso su abuelito Don Polo y le decía «el profeta Daniel».

Enero, uno de los meses donde damos la bienvenida al Nuevo Año y esperando el gran día de los Reyes Magos, el regalo más hermoso nació mi pedacito de amor, Danielito, gracias, mi Dios, por darme a los mejores hijos del universo todos los días de mi vida, agradezco a Dios por ellos, son lo más hermoso de mi vida. Es un privilegio ser su mamá, para mí siempre serán mis bebés, son mi amor para siempre y siempre contarán conmigo.

Dios los bendiga, celebro, por todo lo alto, con todo mi corazón, hijos, por ser el motivo de todas mis alegrías, ser la mamá de dos hijos como ustedes es lo más bello en esta vida. Dios los colme de bendiciones, solo merecen lo mejor de lo mejor.

Cada vez que los beso y abrazo, mi corazón rebosa de alegría, Dios, bendice a mis hijos, te lo pido en el nombre de Nuestro Señor Jesucristo, Amén.

Deseo, con toda mi alma, que sean muy felices y tenga larga vida toda mi descendencia, en el nombre de Jesús.

La satisfacción de ver a mis hijos adultos, convertidos en hombres de bien, no me lo quita nadie y la alegría de disfrutar sus besos y abrazos, llena mi alma.

Mi Dios, qué afortunada soy. Algún día, cuando las páginas de mi vida se terminen, José Luis y Daniel serán uno de los capítulos más bellos de mi vida, los amo eternamente. Mamá.

Una vida entera no me alcanza para agradecerte todo lo que me das, mi Dios.

SIENDO MADRE

Ser una madre soltera es una tarea difícil. Por lo general, se enfrentan a obstáculos para su desarrollo personal y social que pueden ser limitantes en sus vidas. Primeramente, asumir el rol de figura parental singular puede causar sobrecarga: Cuidado de la casa, proveer ingresos y educar, sin apoyo, son difíciles tareas para desempeñar solas. Aún si pueden cubrir todas estas responsabilidades, frecuentemente no sobra tiempo para la vida personal de la madre.

El aislamiento resultante impacta sobre relaciones afectivas y amistades, limitando las fuentes de apoyo emocional necesarias para poder mantener su bienestar emocional.

En casos de madres solteras jóvenes, se puede observar el desarrollo de una relación de dependencia con la familia extendida que la ayuda. Los padres o abuelos de la nueva madre ejercen su autoridad sobre la crianza de los hijos, vulnerando la libertad de criarlos según sus propios principios.

Este fenómeno y esta lista de obstáculos pueden ocasionar un declive en los niveles de autoestima. La falta de control sobre la propia vida, las dificultades de mantener un equilibrio estable y sentimientos como la culpa y el enojo afectan gravemente al bienestar de la madre.

En términos sociales, existen prejuicios en contra de las madres solteras: se piensa que son irresponsables, impulsivas e inmaduras. Esto se puede traducir en dificultades para encontrar empleo; el cual es complicado de mantener debido a la sobrecarga de responsabilidades y falta de tiempo. Pueden ser víctimas de una exclusión social por cualquier combinación de estos obstáculos, mismos que dificultan su crecimiento y el de sus hijos.

La educación de sus pequeños puede ser influenciada por la presencia de estos obstáculos y/o la respuesta emocional de la madre ante ellos. Por lo general, se manifiesta de tres formas diferentes:

La sobreprotección es una de estas formas, ya que se presta tanta atención a los hijos para asegurarse de su bienestar, que la madre se puede volver paranoica intentando evitarles cualquier daño o dolor.

La segunda es la omnipotencia y la impotencia. Éstos son puntos opuestos de la misma escala, en la cual la madre asume absolutamente todas las tareas parentales sin apoyo alguno o las delega a otros miembros familiares, respectivamente.

Finalmente, se presenta una búsqueda de perfeccionismo con la intención de crear una percepción en la cual no necesita ayuda o apoyo.

- ¿Conoce usted a alguna madre soltera?

- ¿Cree que una persona pueda desarrollar el papel de mamá y papá?

- ¿Qué le motiva a usted para salir adelante con su familia?

Benita Quintana Lozano

CAP. 7
CONVIRTIÉNDOME
EN ABUELA

El regalo más hermoso, lo que más me gusta en esta vida, lo que me llena el alma, lo que me hace tocar el cielo con mis manos, es ser abuela de cuatro hermosos nietos. Mia, Humberto, Scarlett y Josiel.

MIS NIETOS

Una niña hermosa que la primera vez que me llamó abuela fue un día inolvidable, los nietos son un amor tan grande que no me alcanzaría ningún cuaderno para contarles qué tan inmenso es mi amor por ellos, mi princesita Mía, porque eres mía.

Mi Muñequita, has llenado mi vida de amor y de alegría. Humbertito, desde el día que naciste, me haces tan feliz a cada instante, que supe que te amaría con todo mi corazón, con mi alma y con todo mi ser.

Sofía, ¿cómo pagarle a Dios? como dice el canto del Rey David, «si todas las cosas son suyas, nuestras vidas también».

Estoy agradecida por el privilegio de ser tu abuelita, tu Nana, como me dices, mi muñequita, eres y serás mi más grande tesoro.

Desde el momento que llegaste a mi vida, la llenaste de amor y felicidad, eres la niña de mis ojos.

Mi más pequeño bebé Jayvee, desde el día que supe que sería abuelita por cuarta vez, sentí el amor más hermoso e inexplicable por saber que venía en camino otro pedacito de cielo, un paraíso completo en mis brazos, mi vida, mi corazón y mi alma, llenos de amor por ti y todos mis nietos.

Son lo más hermoso, en cada oración le pido a mi Dios que me los cuide y me dé mucha vida para verlos crecer y llenarlos de besos.

NADIE LOS AMA COMO YO

La vida que tenga no es suficiente para amarlos y cuidarlos, no hay nadie que los ame como yo, estoy segura de que serán uno de los capítulos más bellos de mi vida. ¡Dios, cuida de mis nietos! guíalos por el buen camino y que nunca se aparten de ti. Los dejo en tus preciosas manos, en el mejor lugar donde deseo que estén eternamente bajo tu amparo, protégelos y líbranos de todo mal.

Mia, Humberto, Scarlett Sofía y Jayvee Josiel, mi amor por ustedes es infinito, los amo en esta vida y en todas las que Dios me dé, si volviera a nacer, le pediré a Dios volver a ser su abuelita.

El mejor día de mi vida fue cuando me convertí en abuela, entonces supe que mi vida estaba completa. Disfrutar de los besos y abrazos de mis nietos, no tiene precio, ¡qué abuela tan feliz soy!

DAYANA Y VALERIA

Dayana y Valeria,
No sabía cuándo, exactamente darles esta carta. Quizás en unos meses, o un día antes de que lleguen a la Iglesia. Lo único que le pido a Dios, es estar en ese momento tan importante.

El tiempo pasó volando, llegó el día en el que las escogieron a ustedes para unir sus vidas con la bendición de Dios. Para compartir sus aventuras juntos y que ustedes los acompañen en todas ellas.

No sé cuánto amen a mis hijos, pero, si de algo estoy segura, es de que se llevan lo más sagrado de mi vida: a José Luis y a Daniel y algún día sus ojos brillarán por ustedes y esa sonrisa que solo era mía, ahora es para ustedes.

Desde hace mucho tiempo, yo era su superheroína, a veces me pedían que les ayudara a contar las estrellas o que les pegara la galleta que su hermano había partido. Ahora, ustedes serán esas superheroínas que les ayuden y consuelen cuando estén enfermos y lo necesiten.

Sé que, con todo su amor y apoyo, serán la pareja perfecta y que, con la bendición de Dios y la mía, lo lograrán y saldrán adelante juntos. Les he enseñado a ser amables, a respetar y ayudar, a ser humildes y a luchar por sus sueños, espero que las honren con ese amor y respeto como las princesas que son, es maravilloso pensar en verlos toda una vida juntos, es un honor.

Les deseo toda la felicidad del mundo tomados de la mano de Dios. Quiero que sepan que, si los hacen felices, las amaré sin importarme nada, para mí son como mis hijas y cuidaré de ustedes como su verdadera madre, estaré aquí, con una sonrisa siempre para ustedes. Tenerlas en mi familia es tener un tesoro y prometo amarlas porque solo ustedes entenderán lo que hay detrás del brillo de sus ojos.

Sé que ustedes son capaces de ayudarlos de la manera en la que yo lo hago y permanecerán a su lado a pesar de los errores que puedan cometer. Estoy orgullosa de la decisión de mis hijos de haberlas escogido a ustedes dos como sus esposas y madres de mis nietos, para tenerlas a su lado.

Quiero decirles que no solo pongo en sus manos a mis hijos, sino mi vida entera y también las amaré hasta el fin de mis días. Les deseo que Dios bendiga su amor, son mi mayor bendición, mi familia, las amo por siempre y para siempre,

Mamá.

- ¿Cree que es difícil dejar ir a los hijos?
- ¿Alguna vez ha recibido la noticia tan hermosa de ser abuela?
- ¿Ha amado a alguien como ama a sus hijos?

DIGNIDAD DE MUJER

Benita Quintana Lozano

CAP. 8
CUMPLIENDO SUEÑOS

Me encanta soñar y con la ayuda de Dios, con mucho esfuerzo y trabajo, he ido cumpliendo cada uno de mis sueños como hoy, con mi libro DIGNIDAD DE MUJER: Amor incondicional

MI SUEÑO

Mi sueño más grande es ser la mejor mamá del mundo y del universo, la mejor abuela, esposa, hermana, amiga sé que no importa la Edad para empezar hacer los sueños realidad, la edad es solo un número, lo que importa es la actitud con la que vive la vida.

Mi vida está llena de sueños y metas que quiero cumplir, me siento muy bendecida en cada uno de mis proyectos, no sé cómo agradecerle a Dios tantas bendiciones. Le doy gracias al Señor por la oportunidad de vivir un día más y comenzar, de Su mano, pensando de manera positiva y trabajando duro. La vida es maravillosa y los sueños son una parte importante de ella para cumplir metas y aspiraciones.

¿QUÉ SON LOS SUEÑOS?

Los sueños son los puntos de guía hacia los que conducimos nuestros esfuerzos. Suelen ser anhelos o deseos lejanos que buscamos lograr o ser. Pueden ser a corto, mediano o largo plazo y crean una motivación interna para buscar las acciones necesarias para lograrlos. Para soñar, se hace uso de la creatividad e imaginación para idear escenarios donde se superen los límites de las posibilidades actuales.

La aspiración a un sueño es un proceso emotivo y consciente. Estos sueños pueden surgir por una parte de la vida en la que hay una falta de satisfacción o realización. Esto puede ser por la maduración de la persona, relaciones cercanas u otros cambios radicales en la vida de la persona.

LA LIBERTAD DE SOÑAR

Poder soñar es una de las grandes libertades de pensamiento del ser humano. Se puede argumentar que los deseos o sueños son las semillas con las cuales se desarrollan competencias importantes de las personas como la autoestima y el compromiso. Los sueños que se buscan lograr muchas veces están directamente ligados a las competencias en las cuales uno se esfuerza en formar.

Aunque existen sueños que sean poco realistas, el mero hecho de soñar crea:

- Sentimientos de esperanza y optimismo.

- Combate la desesperación y resignación a las frustraciones de la vida diaria.

- Inspira a los seres humanos a ser más de

quienes eran el día anterior, para mejorar sus vidas y darles sentido a sus intentos diarios.

«No hay nada igual a un sueño para crear el futuro».

—Víctor Hugo

- ¿Cuáles son sus sueños?
- ¿Tiene metas a futuro?
- ¿Cree que todos deberíamos soñar?

Benita Quintana Lozano

CAP. 9
LA CONEXIÓN
CON LA
ESPIRITUALIDAD

Como siempre, en mi vida, primero Dios y toda la gloria para Él, ¿qué más puedo pedir?

AGRADECIMIENTO A DIOS

Solo puedo agradecer todo lo que ha hecho por mí y todo lo que sé qué hará. Cada día estoy mejor, mejor y mejor. Gracias con todo mi corazón, la oración, el perdón y el amor es lo que nos sostiene de la mano de Dios.

Gracias, papá y mamá, que siempre nos enseñaron a orar y nos llevaron a la Iglesia. Debido a eso, sé que la oración tiene todo el poder de Dios, quien siempre nos ha provisto de todo lo que hemos necesitado y nunca nos ha desamparado, por muy difícil que sean los tiempos. Dios siempre ha estado con nosotros en cualquier situación. Recuerde clamar a Dios y Él le responderá como lo ha hecho en mi vida, ya que mis padres nos predicaron con el ejemplo.

LAS VELAS

Recuerdo que mi papá prendía las velas en la iglesia. Siempre éramos de los primeros en llegar. Mi papá no les permitía a mis hermanos sentarse en la mesa con sombrero, teníamos que respetar la hora de la comida en la mesa y mi mamá siempre nos decía que la primera tortilla que se hacía era de Dios.

Hasta que pasaron los años, comprendí qué era lo que nos quería enseñar, «que todo lo primero en nuestra vida es para Dios».

ENSEÑANZAS DE NUESTROS PADRES

Mis padres nos enseñaron muchas cosas hermosas, como el Salmo 91 que dice: «El que habita al abrigo del Altísimo, morará bajo la sombra del Omnipotente». Mi mamá solía leérnoslo cuando éramos niños. Hasta el día de hoy, la Biblia que tengo en el buró, está abierta en ese salmo. Estoy segura de que, en casa de mis hermanos, también lo tienen en alguna parte de su hogar. Ante todo, Señor, permíteme alabarte por la oportunidad que me das cada día de poder comenzar de nuevo. Le pido al Todopoderoso que me ayude a entender por qué pasan las cosas y le agradezco por estar para mí y los míos, siempre invoco su nombre porque es hermoso para mí, sentir Su presencia.

- ¿Qué costumbres les enseñaron sus padres cuando eran niños?
- ¿Practica alguna religión?
- ¿Qué significa Dios en su vida?

DIGNIDAD DE MUJER

Benita Quintana Lozano

CAP. 10
LA
AUTOTRANSFORMACIÓN

Cada día estoy más agradecida con Dios por haber estado conmigo en el proceso de mi autotransformación. Vivimos en un mundo lleno de retos y dificultades, sentimos la necesidad de transformarnos, el deseo tan profundo y natural de ser felices es una poderosa razón, que nos motiva todos los días a conquistar la felicidad. Es Importante tener muy definida una meta, así nos resultaría más fácil enfrentar los retos de la vida cotidiana, con el deseo constante de buscar soluciones.

REFLEXIÓN
Dedicar un espacio a nosotros para reflexionar. «¿Qué queremos transformar en nuestra vida?» Podemos cambiar nosotros, pero no podemos hacerlo con lo que nos rodea, se vale equivocarse y se vale reivindicarse o dirigir su energía hacia otro objetivo, sé que me falta mucho por realizar, pero hoy soy una mujer satisfecha con mis logros... hago lo que me gusta, como hoy, que estoy escribiendo mi libro, es un día de bendición. Así son cada uno de mi vida, me gusta trabajar por mis sueños.

Todo lo que me he propuesto, con la ayuda de Dios, lo estoy logrando. Tengo una vida ocupada. Lo primero y mi más grande prioridad son mi esposo, mis hijos, mis nietos, mis dos hijas Dayana y Valeria, mi familia, mis más grandes amores.

En cuestión de trabajo, soy muy bendecida, trabajo en la Universidad de Colorado, soy asistente de maestra. Trabajé con niños de Kínder y segundo grado en la escuela de Dupont de Adams. Me siento realizada, pero sigo soñando y preparándome más cada día. El día de hoy he escrito mi libro gracias al apoyo del Sr. Alejandro Aguirre, a su Editorial y a todo su equipo, infinitas gracias por todo su apoyo.

MIS GRANDES LOGROS

Gracias, Gaby Rivera, por presentarme al Sr. Alejandro, son una bendición para mi vida. La mejor transformación ha sido en mi vida, saber perdonar y pedir perdón, soy humana y me equivoco.

La mejor transformación ha sido aprender a perdonar y saber pedir perdón, aceptar que soy humana, me equivoco y que tengo una enfermedad, esto no quebranta mi fe en Dios, ni nada lo hará. Solamente quien ha tocado fondo sabe el poder que tiene Dios y la forma en la que le puede ayudar a levantarse. Levanto mi copa por mí, al rememorar los eventos de mi vida, porque mi transformación ha sido impresionante.

Mi vida está llena de logros y sueños, tanto cumplidos como por cumplir.

He aprendido, con los años, que es necesario crear un blindaje emocional ante los aspectos negativos, que existen límites y es importante aprender a decir «NO» a lo que no nos guste y darles la bienvenida a los milagros.

Hoy tengo una vida tranquila en mi hogar con mi esposo, esperando todos los días a que lleguen mis nietos para comérmelos a besos. Todos los días tengo el propósito de ser mejor en todos sentidos y lo he ido logrando de la mano del Todopoderoso. Es necesario ponerlo a Él en primer lugar en su vida para poder ser la mejor versión de uno mismo y obtener el éxito.

Hace mucho tiempo decidí dejar de ser quien era para convertirme en la mujer que soy hoy, definiendo mi esencia y aprendiendo a aceptar cada uno de mis defectos, incluso, hay algunos que comienzan a gustarme. Día con día, lucho por ser mejor madre, hermana, esposa y abuela, a pesar de tener tantas imperfecciones, me amo tal cual soy, le recomiendo que no sea esa persona que se queda sin hacer las cosas por el «¿qué dirán?» porque no hay nada peor que traicionar su esencia tratando de encajar o agradar a los demás, incluso personas que no moverían un dedo por usted. No se trata de ir en contra del sistema, se trata de ser uno mismo y no desperdiciar sus días con personas equivocadas. No guarde rencor cuando las encuentre, solo aléjese y continúe con su vida.

Puede que, en un futuro, se dé cuenta de que ha estado ahí para alguien, quien después le causará dolor, sin embargo, lo importante es saber perdonar y seguir adelante. Aprendí a no poner el corazón en todo lo que hago, aprendí a medir mi entrega porque todo vuelve, tarde o temprano. Como dice el Sr. Alejandro C. Aguirre, «Cada día estoy mejor, mejor y mejor», luchando por ser feliz, sentirme más segura, menos triste y más completa. He ido reconstruyendo mi vida, paso a paso, cerrando heridas. Me di cuenta de que, después de la tormenta viene el arcoíris, aprendí a vivir sin rencores y, después de tantas heridas, nunca perdí la fe ni dejé de soñar.

Lo que más deseo en esta vida es que mis hijos, sus esposas y mis nietos vivan una vida feliz. Recuerde que cada día merece ser vivido plenamente y disfrutar todo lo maravilloso de la vida, agradeciendo siempre a Dios.

Cada día trato de ser mejor, más selectiva y alejarme de las personas que pueden causar algún mal, es la mejor decisión, mantener la buena compañía, que es mi familia.

Aunque haya tenido que estar con gente que no valoró su tiempo, forman parte de su historia, ha aprendido algo de ellos. El amor se construye con trabajo y dedicación, No permita que la vida le quite las ganas de amar. No me arrepiento de haber hecho cosas buenas por alguien que ya no forma parte de mi vida, he decidido que seguiré luchando por vivir contenta, seré la autora de mi camino, guiada con la mano de Dios, quien debe haber tenido algún plan para mí cuando me creó y agradezco este regalo hermoso que es la vida y que me ha ayudado a cumplir mis sueños.

RECORDATORIO A UNO MISMO

Lo más bonito en la vida es sentirse orgulloso de quién es usted, creer en usted mismo al verse en el espejo y amarse tal y como es, sabiendo que ha podido con todo lo que la vida le ponga enfrente con la ayuda de Dios y de las personas que le rodean, recuerde estar agradecido día con día por estas bendiciones.

Recuerde que el amor y el respeto de sus seres queridos es lo más valioso, recuerde agradecer constantemente a Dios, a la vida, por todos los momentos, buenos y malos, porque de todos se aprende. El amor propio es la clave para la felicidad.

- ¿Qué aprendió usted con el libro?
- ¿Qué pasos tomará para amarse a sí mismo?
- ¿Está dispuesto a dejar el rencor atrás y comenzar a perdonar?

Benita Quintana Lozano

EPÍLOGO

El mensaje más importante de este libro es expresar el gran e infinito amor de Dios. Le recomiendo siempre a mis hijos, mi esposo, mis nietos, mis hijas y a usted, estimado lector, que vivan cada instante, cada momento. en cada letra que escribí, recordando mi pasado. El día de hoy estoy sumamente agradecida a Jesucristo por todo el amor que existe en mi vida y por la dignidad de mujer.

El suceso más difícil al que me he enfrentado ha sido la muerte de mis padres, sobre todo, el saber que mi papá fue secuestrado, sufrí mucho al preguntarme si habría tenido hambre o sed, fueron unos días muy angustiantes.

Logré salir adelante gracias al amor de Dios y de mis hijos, quienes me dieron la fuerza necesaria para seguir adelante, aprendiendo a vivir con el dolor manteniendo la fe, a pesar de los días en los que era difícil respirar y de saber que estoy enferma y tener todos esos sentimientos negativos, pero nunca he perdido mi fe. Creo en los milagros, en volver a empezar, así como que el sol sale todos los días.

De la mano del Todopoderoso, poco a poco fui armando el rompecabezas de mi vida y me encuentro aquí, cuidando de mi familia, con el hombre que amo, mi esposo.

Yo le quiero decir que no importa cuál sea su problema, puede orar y clamar a Dios para que esté a su lado y le ayude a encontrar el camino para encontrarle la solución.

Recuerde que puede empezar de cero, yo lo hice, por el gran amor hacia mi familia, sin tocar mi herida. Dios me ha dado la fortaleza, mi familia, el amor, mis amigos y el apoyo incondicional, deseo que, quien tenga en sus manos este libro, lo disfrute y aprenda y que tenga muchas bendiciones en su vida, muchas gracias.

BIBLIOGRAFÍA

- Fromm, E. (1956) *El Arte de Amar.* Libros Tauro. Argentina. Web. Consultado el 10 de octubre de 2021, de: http://web.seducoahuila.gob.mx/biblioweb/upload/Fromm,%20Erich%20-%20El%20arte%20de%20amar.pdf
- Núñez, C., Pérez C. y Castro M. (2017). *Consecuencias del divorcio-separación en niños de edad escolar y actitudes asumidas por los padres.* Revista Cubana de Medicina General Integral, Consultado en 10 de octubre de 2021, de http://scielo.sld.cu/scielo.php?script=sci_arttext&pid=S0864-21252017000300003&lng=es&tlng=es.
- Sarojini, C. (2016) *How Do Aspirations Matter?* Journal of Human Development and Capabilities. Web. Consultado en 10 de octubre de 2021, de https://www.tandfonline.com/doi/full/10.1080/19452829.2016.1199540
- Nueva Tribuna. (2020) *¿En qué consiste la amistad verdadera y por qué es tan importante en nuestras vidas?* Web. Consultado en 10 de octubre de 2021, de https://www.nuevatribuna.es/articulo/varios/consiste-amistad-verdadera-es-tan-importante-nuestras-vidas/20200409154716173309.html
- Fundación de Familias Monoparentales Isadora Duncan. (2021) *Principales problemas.* Web. Consultado en 10 de octubre de 2021, de https://isadoraduncan.es/principales-problemas/

Benita Quintana Lozano

FRASES CÉLEBRES DE LA AUTORA

- Habrá días difíciles, pero nunca días sin Dios.
- Las alas son mías y el Cielo nos dé nadie
- El amor y el tiempo lo curan todo
- Haz planes para mañana, pero vive para hoy.
- No te preocupes por lo que no tienes, disfruta lo que tienes.
- La vida no exige mucho, solo ser feliz.
- Los días pueden ser largos, pero la vida es corta.
- La gratitud es la memoria del corazón.
- La edad es solo un número, lo que importa es la actitud con la que vives la vida.
- La felicidad no es cuestión de suerte sino producto de nuestras decisiones.
- No es más feliz quien más tiene, sino quien menos necesita.
- Dios proveerá.
- La palabra clave para cumplir las metas es «esfuerzo».
- Nadie camina la vida sin haber pisado en falso muchas veces.

Benita Quintana Lozano

ACERCA DE LA AUTORA

Benita Oralia Quintana Lozano nació un día 21 de marzo de 1971, en un hermoso Rancho en Cocomorachi, municipio de Temosachi del Estado de Chihuahua, México. Hija del Sr. Humberto Quintana y la Sra. Concepción Lozano quienes tuvieron diez hijos que son: Álvaro, Jovita, Sergio Humberto, Gerardo, Diva, Francisco, Benita, Arturo, Clayde y José Esteban.

Vivió en el Ejido Sehue en el municipio de Ocampo hasta los 5 años y desde esa edad hasta los catorce años, vivió en Matachi. A los 14 años vivió en un pueblo llamado Tejolocachi.

Cuando cumplió los 22 años, se mudó a Farmington, N.M., en los Estados Unidos, donde vivió un tiempo y, luego de una decisión muy difícil, se mudó a Denver, Co.

Actualmente está casada con el Sr. Omar Sánchez, tiene dos hijos llamados José Luis y Daniel. Sus nueras son Dayana y Valeria y tiene cuatro nietos llamados Mía,

Humberto, Scarlett Sofía y Jayvee Josiel. Trabaja en *University of Denver*. Actualmente tiene 50 años y lo más importante en su vida es Dios y su familia.

Para más información de sus obras, presentaciones y materiales de apoyo, por favor comunicarse al email: quintanabenita@gmail.com

SOBRE LA PROLOGUISTA

Erika Gabriela Rivera González nació el 26 de abril de 1977, en Jiménez Chihuahua, México. Le gusta que la llamen Gaby desde la infancia.

Sus padres Miguel Rivera y María Rivera se encargaron de darle a ella y a sus cinco hermanos todo el amor y educación que estuvo a su alcance, plantando muy buenos cimientos con valores y principios que les ayudarían en su adultez para vivir una vida mejor y plena.

Su hermano Inocente Rivera falleció al nacer, por lo que toda su familia honra su breve estancia en el mundo; situación que cambió la vida de toda la familia, por su ausencia.

Sus otras dos hermanas Sandra y Karla y su hermano Miguel han sido para ella como sus hijos, a la vez que sus compañeros de vida; ya que cuidó de ellos en su niñez para ayudar a su madre en lo que ella trabajaba. Su padre viajaba constantemente a Estados Unidos para trabajar como maestro de albañil y mandar el sustento a casa.

Con este oficio logró sacar adelante a su bella familia, mientras su madre se convirtió de ama de casa en una negociante de comida típica mexicana y venta de juguetes; para darle todo a sus hijos y que no les faltara nada.

La cocina era una de las pasiones de su madre, y que Erika aprendió desde pequeña, además de seguir los pasos de toda una gran comerciante luchadora y muy emprendedora.

Su hermana Sandra se dedica a la pastelería, que es su pasión. Su otra hermana Karla se convirtió en un Agente de renta de departamentos, y su hermano Miguel es dueño de una compañía de cemento. Todos ellos emprendedores, siguiendo los ejemplos que sus padres les heredaron para triunfar en la vida.

Su familia por ser muy unida, trabajadora y de gran calidad humana se conoce en su área como la familia «Rivera González».

Ella se graduó de la escuela *High School* (Preparatoria) en 1996 y después cursó una carrera técnica de Cosmetología. Siempre le ha gustado trabajar para la gente, de alguna manera hacerlos sentir bien y escucharlos, darles amor a raudales.

Después de muchos años de búsqueda continua y preparación, en el año de 2017 se le presentó la oportunidad de conocer el *Coaching*, de donde llegó el propósito de su vida, su pasión.

En el año 2018 recibió su primera certificación de personal Coach y Coach Ejecutivo, lo que logró con mucho esfuerzo. Ahora está cursando otra certificación de Coaching Transformacional y como ella lo expresa en sus propias palabras: «Nunca imaginé que podría estudiar algo tan poderoso, donde puedo apoyar a otras personas a cumplir su objetivo de vida y que fuera un regalo para mí. Estoy agradecida con Dios por tremenda oportunidad. Soy una persona bendecida».

Desde el 2019, Erika Gabriela Rivera forma parte del Equipo Editorial en Estados Unidos de Alejandro C. Aguirre Publishing/Editorial, Corp., como Coordinadora, Maestra de Ceremonia y Conferencista en las Giras Inspiracionales USA.

En su filosofía de vida Erika nos comparte: «La vida es así... lo que le toca vivir es perfecto. Esa parte que le moldea como persona le hace más fuerte, dura, valiente, compasiva, agresiva y amorosa con lo que tiene que ser. También uno ríe y llora, eso no se escapa. Pero, aunque esté llorando hay que seguir caminando, porque el que se queda llorando se hunde en su mar de lágrimas y el que camina llorando riega el camino y cuando menos piensa y voltea a ver se da cuenta que un camino de flores es lo que se formó con su dolor, porque el dolor y la felicidad es lo que nos hace sentir humanos».

Erika nos relata una anécdota que impactó su vida enormemente y lo expresa así: «Puedo contar muchas historias, ya que la vida está formada de ellas, pero la que en este momento se me viene a mente y es una de las que más han marcado mi vida, es cuando tuve un encuentro divino. Un *toque* de Dios como yo lo concibo.

Recuerdo cuando encontré el amor de Cristo, como me apasioné por su bella presencia, solo era que le pidiera que me diera ese *toque,* ese rose de lo inexplicable.

Lo que he experimentado en su presencia es la paz que sobrepasó todo entendimiento. Ese *toque* eléctrico y cálido, su presencia y los deseos de llorar por su infinito amor y misericordia.

La sensación de que nada malo va a pasar, porque está protegido por el Ser más divino, inmenso y maravilloso que puede haber en la vida. Lo que me queda de esas experiencias es que vine a este mundo a servir y amar a mi prójimo y a ser compasiva, empezando por mí ¡gracias Dios, por elegirme. ¡Te amo!».

Gaby es una gran madre, ejemplo de inspiración para muchas personas que desean hacer una transformación radical en su vida y vivir en total plenitud de su ser.

Actualmente radica en Denver, Colorado con su familia, a quien ama con todo su corazón. Sus hijas son su aliciente para levantarse cada mañana y seguir sus sueños.

Es una gran empresaria que creó su propia compañía de limpieza para seguir apoyando y sirviendo a la comunidad. Además, se dedica a escribir libros de autoayuda, dictar conferencias, seminarios y talleres de mejoramiento personal para ayudar a otras personas a mejorar sus vidas y convertir sus metas en realidad.

Para saber más acerca de Erika Gabriela Rivera, sus Presentaciones, Conferencias y libros, por favor comunicarse al: (720) 365 1430 o al email: riveraerikagabriela@gmail.com

¡AUXILIO! ESTOY PERDIENDO EL AMOR DE MI VIDA

Un nuevo comienzo

Erika Gabriela Rivera es una mujer que valientemente ha sabido dirigir su vida y la de sus cuatro hermosas hijas que la acompañan en esta travesía llamada vida. Ella ha sido madre y padre a la vez de ellas, que son su mayor motivación e inspiración para seguir progresando; lo que la ha ayudado a desarrollar este bello libro en donde nos narra facetas de su vida que tuvo que atravesar, y de las cuales vinieron grandes enseñanzas.

Es una persona muy consciente de su misión y responsabilidad, por lo que en cada palabra plasma parte de su esencia, su amor, humanidad y deseo de servicio; trasmitiéndonos, además, un mensaje de fe y esperanza para toda la humanidad, mediante el lenguaje universal: El lenguaje del amor.

Nos describe sus vivencias a manera de relato, con enseñanzas clave que le pueden ayudar a poner en práctica; porque lo que ella escribe está basado en la realidad. Su veracidad lleva un mensaje profundo y a la vez muy alentador para todas aquellas personas que deseen conocerse mejor y autorrealizarse en cualquier área de la vida.

Los temas que usted encontrará en esta obra son: El valor del ser humano, El despertar de conciencia, La familia, La vida en los Estados Unidos, El amor, La violencia doméstica y los estragos en los hijos, El perdón, El poder de los sueños, La esencia y transformación de una mujer, entre otros más. Son recomendaciones y enseñanzas de la autora nos acerca como Entrenadora de Vida.

Desea que sus lectores, además de degustar de una exquisita lectura, les sirva como guía o manual para adentrarse en el autodescubrimiento de su ser y les permita autorrealizarse para transformarse en la persona que tanto han anhelado ser.

Disponible en español e inglés en tres formatos: Físico, *E-book* y Audiolibro

Benita Quintana Lozano

DIGNIDAD DE MUJER

ALEJANDRO C. AGUIRRE PUBLISHING/EDITORIAL, CORP.

¿QUIÉNES SOMOS?

Una Editorial Independiente que publica libros, con excelentes contenidos que captan la atención y el interés del lector. Ofrecemos nuevos soportes y materiales, una gran oportunidad para escritores y autores independientes.

Complementando este propósito contamos con nuestra revista neoyorquina trimestral, «Re-Ingeniería Mental Magazine». Dirigida a la comunidad en general de los Estados Unidos y orientada a la difusión de información relevante en temas de interés social. La meta primordial es cumplir con las exigencias del mercado y la satisfacción de nuestros amigos y clientes, con una importante plataforma para promover sus productos o servicios al público.

DECLARACIÓN DE MISIÓN

Contribuir con cada libro y mensaje que nuestros autores transmiten en el desarrollo y la transformación de individuos, grupos y organizaciones. A través de una plataforma enfocada en la autoayuda, la sanación, la productividad y la evolución de todos como humanidad.

Las obras impresas o digitales, los productos en audio y video, las conferencias y seminarios en vivo o vía Internet y la revista «Re-Ingeniería Mental Magazine», son las tres áreas en las que desarrollamos una gran variedad de contenido en los siguientes ámbitos y temas: Superación personal y familiar, motivación, liderazgo, autoayuda, salud física y mental, re-ingeniería mental, nutrición, belleza, inteligencia financiera, ventas, educación, cultura, arte, novela y poesía, entre otros.

Tópicos necesarios y valiosos para la comunidad que empieza a despertar a una nueva conciencia individual y colectiva, que desea informarse, formarse y empoderarse.

A los propietarios de negocios, empresarios y profesionales les brindamos una plataforma novedosa, interesante y productiva, para dar a conocer lo que ofrecen al mercado.

Alejandro C. Aguirre, mexicano residente en los Estados Unidos, fundador y preside en la actualidad de *Alejandro C. Aguirre Publishing/Editorial, Corp.*

«Una persona usualmente se convierte en aquello que cree que es. Si yo sigo diciéndome a mí mismo que no puedo hacer algo, es posible que yo termine siendo incapaz de hacerlo. Por el contrario, si yo tengo la creencia que sí puedo hacerlo, con seguridad yo adquiriré la capacidad de realizarlo, aunque no la haya tenido al principio».

—Mahatma Gandhi (1869-1945)
Abogado, pensador y político hindú.

OTROS TÍTULOS EN ESPAÑOL

1. El Camino a la Felicidad y El Éxito (Israel Vargas)
2. Emociones Que Dañan (Alvin Almonte)
3. El Poder de Conocerse A Sí Mismo (Lucio Santos)
4. El Poder de la Fe y la Esperanza (Minerva Melquiades)
5. La Guerrera Soñadora (Mercedes Varela)
6. Rompiendo Barreras Mentales (Miguel Urquiza)
7. Una Vida con Enfoque (Lucio Santos)
8. Cuando Decidí Emprender (Jeanneth C. Rodríguez- Gutiérrez)
9. La Nueva Potencia (Juan F. Ramos)
10. El Camino a la Excelencia (Alejandro C. Aguirre)
11. Diseñados Para Triunfar (Alejandro C. Aguirre)
12. Invencible (Alejandro C. Aguirre)
13. Las Siete Gemas del Liderazgo (Alejandro C. Aguirre)
14. Re-Ingeniería Mental (Alejandro C. Aguirre)
15. El Gran Sueño del Pequeño Alex (Alejandro C. Aguirre)
16. Re-Ingeniería Mental II (Alejandro C. Aguirre)
17. La Verdad del Espiritismo (Alejandro C. Aguirre)
18. Re-Ingeniería Mental en Ventas (Alejandro C. Aguirre)
19. Re-Ingeniería Mental en el Arte de Hablar en Público (Alejandro C. Aguirre)
20. Vitaminas Mentales para Condicionar una Mente Positiva (Alejandro C. Aguirre)
21. El Gran Sueño del Pequeño Alex 2 (Alejandro C. Aguirre)
22. Respirar Bien es Esencial para Vivir (Alejandro C. Aguirre)
23. Amor Propio (Alejandro C. Aguirre)
24. Aprendiendo a Vivir (Lucio Santos & Angélica Santos)
25. Renovación (Alejandro C. Aguirre)
26. Huellas de Dios (Alejandro C. Aguirre)
27. El Sueño del Pequeño José (José Francisco Huizache Verde)
28. Lo Que Callamos como Mujeres (Dana morales)
29. Lo Que Callamos como Mujeres II (Dana Morales)
30. Voces y Cantos del Alma (Sylvia E. Campos)
31. Voces y Cantos del Alma II (Sylvia E. Campos)
32. La Fuerza de Voluntad (Alejandro C. Aguirre)
33. Mi Perfecto Yo (Liz Arizbeth Rojas)
34. El Poder de las Decisiones (Iván Saldaña)
35. La Dama de Hierro (María Magdalena Márquez)
36. El Gran Sueño del Pequeño Alex 3 (Alejandro C. Aguirre)
37. El Palacio de Cristal (María A. Medina)
38. Luz de Esperanza (Teresa Tlapa)
39. La Importancia de la Lectura (Alejandro C. Aguirre)
40. Mujer Osada (Tony Xiomara)
41. Fortaleza Inquebrantable (Janneth Hernández)
42. Josué, El Caracolito Perdido (Blanca Iris Loría)
43. Imparable (Marisol Hernández)
44. La Sagrada Familia de Sofía Joy (Annia Ossandón)
45. Yo Quiero, Yo Puedo y Yo Soy Capaz (Miriam Cortés Goethals)

46. Alma Valiente (Elizabeth Meraz)
47. Re-Ingeniería Mental III (Alejandro C. Aguirre)
48. Re-Ingeniería Mental en el Arte de la Escritura (Alejandro C. Aguirre)
49. Correspondencia del Metro Balderas a Nunca Jamás (María Ángeles)
50. Las Princesas de Naranja (María Ángeles)
51. Cómo lo Logré (María Magdalena Márquez)
52. Entre La Vida y La Muerte (Diana Rodríguez)
53. ¡Auxilio! Estoy Perdiendo El Amor de Mi Vida (Erika Gabriela Rivera)
54. Suelta Tus Miedos y Comienza a Volar (Fanny Reyes)
55. Transformación (Daisy Hanis)
56. Evolución Emocional (Armando Bernal)
57. Reflejos del Alma (Karina Reynoso)
58. Reflejos del Alma II (Karina Reynoso)
59. La Leyenda del Caballero Negro (Fanny Reyes)
60. De Nieve y Navidad (María Ángeles)
61. Niños Magos (María Ángeles)
62. Mujer de Alto Poder (Ana Melendez)
63. El Parientito (María Ángeles)
64. El Decálogo del Éxito (Lucio Santos)
65. Escuela para Padres (Alejandro C. Aguirre)
66. Vacío Existencial (Alejandro C. Aguirre)
67. Demokratis (Hugo Franco)
68. ¡Ahora o Nunca! (Oscar Bucio)
69. La Historia de Magda (María Magdalena Domínguez)
70. Ciudadana del Cielo (Azucena Del Castillo)
71. Suelta y Déjate Guiar (Cynthia Luna)
72. Imparables (Dana Morales, Maribel González y Guadalupe Miranda)
73. Belleza por Dentro y por Fuera (Azucena Mancinas)
74. Vacío Existencial II (Alejandro C. Aguirre)
75. Escuela para Padres II (Alejandro C. Aguirre)
76. Escuela para Padres III (Alejandro C. Aguirre)
77. Que se Haga Tu Voluntad (Alejandro C. Aguirre)
78. Tu Tiempo, No el Mío (Alejandro C. Aguirre)
79. Su Elección (Alejandro C. Aguirre)
80. Vacío Existencial III (Alejandro C. Aguirre)
81. Resistiré (Alejandro C. Aguirre)
82. El Arte de Vivir la Vida (Lucio Santos)
83. ¡Usted Nació Ganador! (Francisco Sapon)
84. El Poder del Cambio (Eric Olivares)
85. Superando Obstáculos (Oscar Bucio)
86. Contra la Corriente (Hugo E. Sainz)
87. Encuentro con Jesús (José Ortega)
88. Imaginería Emocional (Armando Bernal)
89. La Magia del Despertar (Socorro Martinez)
90. La Ruta Hacia Hacia el Verdadero Amor (Fanny Reyes)
91. El Patio de Sueños de Wendyta (Wendy S. Cruz)
92. La Trascendencia de una Mujer Valiente (Lorena Mendoza)
93. Te Amo porque Me Amo (Verónica Rodríguez)
94. ConversAcciones de Uno (Adriana Aguilar Cedi)

95. Amor & María (Adriana Aguilar Cedi)
96. El Diario de Una Trans (Jennifer Amor)
97. Mujer, Ya Eres Libre (Morayma Cardona Shalom)
98. La Historia de Un Campeón (Ricardo López)
99. Citroterapia Práctica (Richard Vilcamiche)
100. Aprendiendo a Desaprender (Guadalupe Villaseñor)
101. Descubra el Secreto de la Mujer Latina (Lucia Quintero)
102. Yo Puedo. ¡Si Puedo! (Vanessa Galindo)
103. El Comienzo de una Nueva Historia (Gema Cruz)
104. Vacío Existencial IV (Alejandro C. Aguirre)
105. Manual para Escribir un Libro (Alejandro C. Aguirre)
106. El Poder del Amor Propio (Felipe González)
107. Voces en el Silencio (Norma Alicia Gallegos)
108. Con Alma de Cantera y Plata (José Cabral)
109. Intenso (José Cabral)
110. Mariposa de Cristal (Tony Xiomara)
111. La Audacia de Una Mujer Valiente (Susy Trujillo)
112. Conquistando Nuevos Horizontes (Edith Plancarte)
113. Aprendiendo a Emprender (Miguel Urquiza)
114. Encontrando un Sentido de Vivir (Joel Barrios)
115. Encontrando un Sentido de Vivir II (Joel Barrios)
116. Entre el Corazón y el Cerebro (Alejandro C. Aguirre)
117. Autotransformación (Loran Sanpriet)
118. Entre Mujeres (Dana Morales)
119. Pensamientos Abstractos de Noches de Desvelo (Dana Morales)
120. La Confusión de Eva (Alejandro C. Aguirre)
121. ¡Hoy Soy Libre! (Alejandro C. Aguirre)
122. Más Allá de los Obstáculos (Minerva Melquiades)
123. La Iniciativa de una Mujer (Norma Vasquez)
124. Cambie su Realidad y Construya su Futuro (Diego Velasquez)
125. El Abrazo de Dios (Leticia González)
126. Corazón Indomable (Minerva Ruvalcaba)
127. Niños Sanos, Adultos Felices (Daylin Katherine)
128. Viviendo con Valores (Lucio Santos)
129. El Renacer de Una Mujer (Susy Trujillo)
130. Crueldad en el Destino (Willmerr Sagy)
131. Mujer Visionaria (Lily Mejía)
132. Ojos Policromáticos (Alejandro C. Aguirre)
133. Cartas a Una Mujer Extraordinaria (Yolanda Marin Boyzo)
134. Desafíos (Guadalupe Miranda)
135. Las Adversidades de la Vida (Rosenda Quintanilla)
136. Dignidad de Mujer (Benita Quintana Lozano)
137. Soy Una Pelotita (Fátima Tharp)
138. El Milagro de Dios llamado Evelin (Berta & Merced Ocampo)
139. Liberada por su Misericordia y Perdonada por su Amor (Llanet Barrios)
140. La Niña de las Estrellas (Alejandro C. Aguirre)
141. Cómo Obtener Una Sanidad Física y Espiritual a través de la Fe (Freddy Ávalos)
142. Mi Perrito Chikenu (Lizzie Castro)

DIGNIDAD DE MUJER

143. La Niña de la Montaña (Marisol Hernández)
144. Mujer Resiliente (Fabiana Rosales)
145. GPS Esteticista (Araceli Jaramillo)
146. Desafíos II (Guadalupe Miranda)
147. El Amor Renace en el Corazón (Rosita P. Nuñez)
148. Quimioterapia Espiritual (Llanet Barrios)
149. Corazón de Diamante (Alejandro C. Aguirre)
150. Amor Incondicional (Alejandro C. Aguirre)
151. El Silencio de los Hombres (José Martínez)
152. Dignidad de Mujer (Benita Quintana Lozano)
153. La Realidad del Sueño Americano (George A. Temaj)
154. Revelación, Fe y Razón (Domingo Gómez)
155. Un Corazón Sanador (Cruz Soto)
156. El Guerrero de Luz (Juan González)
157. Resilientes (Norma Alicia Gallegos)
158. Impredecibles (Leticia Gonzalez)
159. Re-Ingeniería Mental IV (Alejandro C. Aguirre)

OTROS TÍTULOS EN INGLÉS

1. Invincible (Alejandro C. Aguirre)
2. The Dream of Little Joseph (José Francisco Huizache Verde)
3. Josue, The Lost Little Snail (Blanca Iris Loría)
4. The Orange Princesses (María Ángeles)
5. Of Snow and Christmas (María Ángeles)
6. Learning to Live (Lucio Santos & Angelica Santos)
7. Beauty Inside and Out (Azucena Mancinas)
8. Help! I Am Losing the Love of My Life (Erika Gabriela Rivera)
9. Liberating the Warrior (Eliberto Calderon)
10. Transcendent Brave Woman (Lorena Mendoza)
11. I Can Do It. Yes, I Can! (Vanessa Galindo)
12. A Magical Awakening (Socorro Martinez)
13. Crystal Butterfly (Tony Xiomara)
14. The Audacity of a Brave Woman (Susy Trujillo)
15. Voices in Silence (Norma Alicia Gallegos)
16. I am a Little Ball (Fátima Tharp)
17. Star Girl (Alejandro C. Aguirre)
18. Change Your Reality & Build Your Future (Diego Velasquez)
19. Touched by God (Leticia Gonzalez)
20. My doggy Chikenu (Lizzie Castro)
21. Conscious Adults, Healthy Children (Daylin Katherine)
22. Evelin: A Miracle of God (Bertha & Merced Ocampo)
23. Unruly Heart (Minerva Ruvalcaba)

RE-INGENIERÍA MENTAL MAGAZINE

1. Re-Ingeniería Mental Magazine: 1ra. Edición: Septiembre-Octubre 2019 (Salud Integral)

2. Re-Ingeniería Mental Magazine: 2da. Edición: Noviembre-Diciembre 2019 (Amor Propio)
3. Re-Ingeniería Mental Magazine: 3ra. Edición: Enero-Febrero 2020 (Renovación)
4. Re-Ingeniería Mental Magazine: 4ta. Edición: Marzo-Abril 2020 (Erudición)
5. Re-Ingeniería Mental Magazine: 5ta. Edición: Mayo-Junio 2020 (Autoeducación)
6. Re-Ingeniería Mental Magazine: 6ta. Edición: Julio-Agosto 2020 (Trascendencia)
7. Re-Ingeniería Mental Magazine: 7ta. Edición: Sep-Oct-Nov-Dic 2020 (Transición Consciente)
8. Re-Ingeniería Mental Magazine: 8va. Edición: Enero-Febrero-Marzo 2021 (Ley de Sincronicidad)
9. Re-Ingeniería Mental Magazine: 9na. Edición: Abril-Mayo-Junio 2021 (Resiliencia)
10. Re-Ingeniería Mental Magazine: 10ma. Edición: Julio-Agosto-Septiembre 2021 (Neurodesarrollo)
11. Re-Ingeniería Mental Magazine: 11va. Edición: Octubre-Noviembre-Diciembre 2021 (Ascensión)
12. Re-Ingeniería Mental Magazine: 12va. Edición: Enero-Febrero-Marzo 2022 (Transdisciplinariedad)

Información y ventas ver «CATÁLOGO OFICIAL» en www.alejandrocaguirre.com.

DIGNIDAD DE MUJER

Benita Quintana Lozano

Benita Quintana Lozano

DIGNIDAD DE MUJER

Made in the USA
Middletown, DE
17 April 2024